文史哲詩叢

丁文智著

葉子與茶如是說

文史哲出版社印行

葉子與茶如是說 目次

天行健，君子以自強不息 大荒 1
性情中人的性情詩 辛鬱 7

第一輯 何以人生十字街頭儘是醉

何以人生十字街頭儘是醉 13
苦 16
辣 18
酸 20
甜 22
悲歡 24
離合 27
日子 29

第二輯 綠的聯想

寶峰湖 35
吉隆坡觀水舞 38
水的白銀 41
綠的聯想 42
在吉隆坡乘纜車 44
重登瑯琊臺有感 47
攀登華山 53
在玉門關外舊城遺址上 56
詠達觀山神木 58
鳴沙山初探 60
卵浮 63

第三輯 夢

永遠的痛 69
夢 73
別後心情 76

團圓夜 81
噩耗 84

第四輯 葉子與茶如是說

說辭海 89
辣椒 91
聰明的魚 93
雛菊 95
說浪 98
葉子與茶如是說 100
傘的告白 103

第五輯 破繭

破繭 107
走出 110
醉 113
鷹 115

窗 117
雲 119
雨 120
牆 121
心境 122
飄盪在鐘聲裡的 124
築巢燕 127
網 129
髮 130
無題 132
恰好 133
咖啡杯裡的往昔 136
霧 139
老壁鐘 141
春遲 143

待 145
守 146
擠在火車另類感覺裡 149
溜冰 151
明天 154
詩·一夜未成 159
商禽送我一個大瓷盤 162
慟之外 165
災後心情 168
給一位再起的跑者 171

天行健，詩人以自強不息

大荒

如果把紀弦先生號召成立的現代派宣言找出來，看看當年參與的百位作者，現在還有幾人？除自然凋零之外，有的中途停筆，有的更換方向，那一輩詩人依然在奮力奔跑的，真寥若晨星了。可欣慰的是，剩下來的星群仍寒光熠熠，炫耀著夜空，丁文智正屬於其中一顆。在遼長的詩路上，文智一度隱晦，從事小說創作，沒想到了耳順之年卻掉轉身子，重返詩的跑道，呼嘯而過，習習生風，數年之間跑出令人刮目相看的成績，這本集子就是整體展現。

一個優秀詩人，必然視野廣闊，題材多樣，細讀這本詩集，作為詩人本分，他網羅了詩的能事：登山臨水，社會百態，人生感悟，諷喻詠懷，紛紛來到筆端，大有秋華競媚各具風騷之勢，甚至潛水觀察珊瑚產卵，真可謂搜盡名山打草稿。

首先我們看他的山水詩。

自從海峽兩岸開放探親和旅遊以來，中國的靈山秀水一下抓住海外遊子的心，大家紛至沓來地前往，遇上佳景，詩人總緊抓不放，你不留下好詩你就休想過關！因有這種內在驅迫，登臨詩便是詩人的迎接挑戰的考驗了。

關於這類詩，文智共作了九首，揉懷古與寫景而為一，有虛實相生之趣，今古交錯之味，其中最引人入勝的有〈攀登華山〉、〈在玉門關外舊址上〉、〈寶峰湖〉、〈重登瑯琊臺有感〉；現在試看他如何刻劃爬山之吃力——

頭總是超前身軀　十五度吧
胸口總是呼嗟著一架破舊老風箱
腳也越來越不本分
　總是在意念之外找著落

以老風箱形容喘氣吁吁真是神來之筆，腳步凌亂又寫盡爬坡的艱苦及坡度之陡峭，表現了極高的想像力，直令人拍案叫絕。這還不足，他又具體描寫石階，說「石階的利齒」簡直要把登山客「一截一截吃掉」！有此危險，就不難理會何以劍客們動不動就要華山論劍了。

〈寶峰湖〉寫得像一首歌，且看寫湖上佳人船首俏立而歌的片段——

因此　歌之於斯
非但繞樑
非但沿山腰作九轉迴腸之激蕩

且在捻歌成繩
把過往遊船　以及
難掩喜悅之吾等
一一　縴過

情景交融，正如他後頭的句子說，「無一不是篇篇浸酒的詩」。

詠物詩重在寄托，文智亦深諳此道，〈傘的告白〉其實就是為人所役使的不甘和無奈，篇幅雖短，寓意則長，允稱佳作。本書主題作品〈葉子與茶如是說〉屬於同樣手法，以小喻大，以淺喻深，道盡一個人被欺騙、被玩弄、被巧妙地利用、被虛假的光榮套牢的悲劇，文字似乎平易，內涵卻十分沈重。同樣是詠物，〈詠達觀山神木〉則意氣昂昂，如歷盡滄桑的老人，百代而後猶精神矍爍，卓爾不凡，因此作者熱情地歌頌說：「相信／守著今朝的榮景／必將活出另一番翠綠」。千歲老蓋，此作可做見證了。除此而外，〈髮〉是短小精幹的一篇，全詩五節，到了末節，在辯論過滿頭白髮染或不染之後，語驚四座的說：「看來／不如／剃了的好」。以天氣做文章的有雲雨霧幾首，其中的〈雲〉尤為我所喜，寥寥數行，暗諷了正氣與邪氣的鬥爭，自古以來，雖然常常是小人得志，浮雲蔽日的多，但只須來陣風，眼前榮華富貴，便自然消逝——

後果
仍然是崩潰
仍然是
散

當頭棒喝，把小頭銳面蒙上欺下之徒刻畫得淋漓盡致。

對生命的期待與生命之幻滅兩者間的落差，讓文智寫出動人的〈明天〉，這是「寫給癌症患者周大觀小弟弟」一首詩，情感飽滿，詞意真切，蓋周小弟天賦極高，才十歲就寫出許多出色詩篇，毫無疑問這是一個天才，這孩子如此早早夭折，怎不叫人痛惜！天生英才又遭天妒，奈何奈何！懷著明知無望卻強力挽留之心，文智這首詩應是於絞痛中完成的。

一個敏於生之感覺的人必定對生活上的酸、甜、苦、辣體驗深刻，因此文智寫這組詩章；綜合起來，它們便構成〈日子〉，所謂日子便是日常生活，乃由瑣事構成，補捉不易，文智在這兒展現了許多生動的畫面，當我讀〈擠在火車另類感覺裡〉看到「擠不擠真的有關係／因電車空間轉瞬就沒了／倒是一溜歪斜成掛爐烤鴨似的軀體」，形容得真傳神極了。說他是神來之筆，誰還有什麼話說。

與文智訂交四十年，深知其人，誠懇而熱情豪放，他老母親前年仙逝，他的悲慟差不多到了哀毀逾恆地步，「母親的畫像」一組加上母親逝世後的〈噩耗〉共五首追思詩，慟數老太太一生不幸，顯出文智是位至性的孝子，古人說，讀李密〈陳情表〉而不流淚者，其人必不孝，〈母親的畫像〉亦應受同樣看待。有子若此，老太太該含笑九泉了。

〈給一位再起跑的跑者〉是重上詩壇的誓詞，劈頭就豪情萬丈寫道——

你披著星光
追著一度喪失的意願
以勁揚的腳步
踢開
被歲月封閉的跑道

何其壯也！所以如此，無非因為詩是生命激素，為了把詩句寫到〈恰好〉，而弄得〈詩．一夜未成〉，可見寫詩態度之認真，恐怕詩神看了也不忍吧。老友出詩囑我作序，是我的光榮，老友集子尚有若干未足之處，願與共勉。拉雜之言倘稍能中意，也就無負於老友矣。是為序。

民國九十一年歲在壬午初夏於風簷

葉子與茶如是說 ·6·

性情中人的性情詩

辛鬱

生活，是詩的關鍵性酵素，時下有許多洋洋灑灑的詩作，在報刊網路現身，看來華麗，但細讀之下，大多因缺乏生活根基，而言之無物；這些詩作幾乎全出自年輕詩人之手。

老一輩詩人，在人世打轉數十年，嚐遍生活的甜苦酸辣、悲歡離合，經驗的長期積聚，自然而然的在詩作中流露生活的各種況味，而使詩的可讀可感性提增。

丁文智是目前重提詩筆，在作品中充分流露生活質量的老一輩詩人之一，讀他的詩，躍然紙上的，都是他幾十年生活的體驗感悟，或濃或淡、或深或淺、或悲或喜，他用詩的語言一一道來，不但可讀性高，可感性亦強。

丁文智是紀弦先生發起組成的「現代派」的一員，當初和我一樣，服役軍中。我們在「現代派」成立的那一天相識，有七、八年因各奔東西不曾來往。金門炮戰後二年，我再度調職金門，透過我服務的「金門廣播電臺」，聯繫上同在金門服務的丁文智、大荒、管管等同好，真是欣喜萬分。當時文智已以小說創作為主，偶而也寫詩。

我與文智為舊識，與大荒、管管則為新知，一見投緣，便訂定了每週見面談藝論詩的不成文規則，很認真的執行起來。文智通常要在三杯入喉之後才發表意見，他是性情中人，豪爽直率，所以從不「留話不說」。他談起朋友的新作，都很有一番看法，我們幾個當然也十分認真，這樣一種聚會，使大家都有了長進。

文智那時小說寫得多，以短篇為主，作品中對生活有深切刻劃，這對我是一項啓發，我的詩開始導入紮實的生活質感，並以身邊事物為主要表述對象，就從那時開始；這要感謝文智這位老友。

性情中人寫性情詩，丁文智的創作觀極為單純，但可貴。這主要是，他有厚實的生活根基，每一動筆，均源自生活。

另一個特別值得提出來的長處，是他詩的語言，常有小說語言的身影閃動，這是非常特殊的；文智是山東人，他小說中不脫山東口語，引入詩中，便有一種非常質樸動人的滋味，讓人覺得，這詩是出自一位山東老鄉手筆。

《葉子與茶如是說》是丁文智的第一本詩集，收集最近五年的作品共六十首，並以詩的內涵類近分為五輯。第一輯「何以人生十字街頭儘是醉」，以生活的真切感受為主要表現。第二輯「綠的聯想」，寫的是近年來遊歷各地，對名山大川、名勝古蹟的見聞與感悟。第三輯「夢」，寫親情的珍貴與深切的失去親人的沉痛，感人至深。第四輯「葉子與茶如是說」，以詠物為主，這是全書的重心所在，因為詩中有所抒發，更有所寄托；每每借物而道盡人生，寓意甚深。其中尤以「葉子與茶如是說」，經由長期觀照，悉心體味，方能為我們寫出「茶葉」這種生活七要件之一，在被我們長期使用且忽略的情形下，原來它亦是有感情的。此詩以群體的第一人稱，為大家道盡「茶葉」的生命歷程，從一片片葉子開始，經由各個過程，而成為「當你們悠閒地一口口啜飲著」的「茶」，這其間充滿血淚。因此，我們會自然的聯想，這「葉子與茶」，不就是被生活、命運所役使的活生生的我們自身嗎？性情中人寫性情詩，丁文智真是太了解自己，也太了解人生悲苦的詩人。第五輯「破繭」，以生活感觸、友情繫念為主，每多真情流露與人性關懷，有溫柔的一面，也有深沉的哀慟。

讀丁文智的詩，要以坦誠率真的態度與心情相應，這是我的體會，但願愛詩的朋友，也能從這本「性情中人寫的性情詩」集中有深切體會。

第一輯

何以人生十字街頭儘是醉

何以人生十字街頭儘是醉

活著　總該有面意識鮮明的旗
在你的十字街頭指引　矗立
赫赫然如路牌

曾幾何時
路牌變酒招
只聞聲聲　呼乾啦

猶有甚者是那
條條不良於人行之雜亂騎樓下
三不五時準有瓶類之飛行物體在此降落——框啷
似此種不知如何生而觸地就是死的

這般花開花謝
雖永遠擠不進季節
卻也往往會跟在一　波波潮湧般的「呼乾啦」後
連番綻放

醉不上路
可就天天有人行車如陀螺
在東倒西歪裡　濺血
遇警時　還醉死不認那壺酒錢

難道
往昔端著生活苦杯拚命向前衝的那股熱勁
就此冷卻　還是
知之為不知的惰性
讓你不能對春去秋來有所警有所惕
儘管在十字街頭

被俗化成另類風尚的灰暗地帶
一手酒瓶　一手檳榔
歪斜著身子大咧咧地喊　我沒醉

縱然
這之後是　血吐　是
暗自得意成完完全全的阿Q式
如此人生　如此折損
除酒氣
似乎再也看不到那曾閃閃發光的自我

二〇〇一、十二

苦

當欲望被霓紅燒成灰白
而復遭荒傖者的舌槍擊傷後
苦　便沿著夢的外緣暗自流浪

想不通的是
為何在如此之多的不如意中
只趨近
繁殖自胸臆間的那窩躁
或失欲後的那抹冷

難道這許多無以名之的怨
認定春從未在自己生命中綠過
不然　割切過的場景裡

怎能慌惑著如此多的無奈
然而　何以未思及
苦　為何總在自己心中落腳
又總朝宿命方向走
　不知轉身
　不知自走過的美好中萃取
甚且　更苦情的是在磋牙成響中
對著號折磨自己

二〇〇〇、一

辣

我們何嘗願見
被「辣」顛覆得不成形的人世
如一頭磕了藥的獸
除張牙舞爪再不懂什麼是講究什麼是雅

是的　就是這樣把文明逼進偏僻
另類世俗橫切面裡全走著裸
正經　卻在人生之書的前言後語吶喊
　　然後又一頁一頁撕裂自己

對這樣一個難以測度的辛辣歲月
生存之舟究該往何處放
任其漂　還是

任其在眾多不為人知的暗礁裡碰

果若　我們任由心田種媚俗
怎堪收成怎堪嚼　怎堪
讓刮亂街巷的色色辣風向內心世界橫掃

如把種種類似剪剪貼貼
無一不是旋昇在暴風裡的風箏
斷線是必然的
來不及回顧的那種煙滅也是必然的

一九九九、六

酸

世事
恆常都是如此的
紛紛亂亂
總也理不出你想望的那樣

可誰知
那隻專事探索社會底層的手
這會　伸向了哪裡

（風雲是關鍵嗎）

可誰又禁得起
這許多如泣如訴如絲如縷之牽牽連連

日夜
在心裡纏　夢裡纏
冷冷的歲月裡　纏
（風雲還是關鍵嗎）

那麼
要抹乾多少淚
摔破幾罐苦楚
才不會把心靈泡酸

一九九八、十二

甜

終于
有了自己的陽光
　　自己的路

曝晒過的心靈
不再泛潮
不再因冷暖無情惹的血壓升降不當
且　時有陣陣清新沿著肺腑
輕輕迴流

有幸
在生命迴轉後的心理歷程上回眸
崩盤過的心情

越發不宜追高塗滿色彩的幻想
抛卻了吧
這許多人生中不該持有的
支支跌停

一九九八、十二

悲歡

把命途中積鬱
移開　自心緒暗角
然後讓陽光進來
　草香進來
　裝扮入時的思維　進來

這就向灰冷說再見
向老跟在身後鬼混而又不易消化的
花樣多邊的慾念說　再見
以及過剩的疑慮　以及
更多風雨踹爛的歲月

雖糾纏在人生際遇中的悲情
無能打樁　設圍
至少不能任由心底暗潮加碼沸騰

因之　更多時候
出現在面前的敵人乃是自己
若能看透
大多無須開槍
最後　定然是心中暗鬼無條件投降
除非理想透明圖正自生之版圖錯開
或　冬在春頭延宕
或　心中積雪未剷

若否
釀自煢煢中的那缽歡
何以未成形

即被慣於煽風點火的隻隻黑手
　擠壓而出

既然悲苦總如霾般無時不向你沉沉覆蓋
就該掄起覺之大帚
掃除情緒中的黏濕

當心頭一旦朗朗如晴空
歡欣業已走進
就要以心思牢牢繫住
繫住　才不會被流水般的時間帶走

二〇〇一、十

離 合

都走到這一步了
還談什麼挽不挽回

只是 撒滿心階的碎夢
怎憑一把遺忘之帚
就可掃淨

果真思念是把以歲月鑄成的劍
相信傷的不只自己
那麼 痛之外
不知尚須何種言詞
封緘那道道無血傷口的表白

與其老在那裡天旋地轉
何不輕閉雙眸
而在醒悟引領下
走出那片拋不開的傷心過去
重塑浸在泥爛中的彼此
只要醒在醉後真心
誰說
不會在迢迢情路盡頭
有次　輕車熟路的迴轉

一九九九、八

日子

——兼給自己

日子　都在過
端看你過的是否有格調
是否已自生活栗碌中走出
且　瀟瀟灑灑
　一步一心喜

其實對多元得近乎畸形的日常
態度是一回事
面對又是一回事
不過你仍得相信
只要人生列車
未被私慾顛覆到脫離常軌

陽光不會為誰減少
縱有雨
誰曰那不是專為
加諸你生命之樹以欣榮以暢旺

那麼
設法跨越舉步維艱
才是走進悠閒歲月的唯一
是不

所以我們不能像飄然於空的禽鳥
一翅掠過
就什麼都算完成
可純我之光度
是要在不斷回首　細數
以及印在日子中的每一步
是否夠深　或

已輕淺到再無復言及　中
提昇或泯滅

因而有時想
自己的日子何須大開大闔
只要有色
　見性
　　外帶一點點野
就好

二〇〇一、九

第二輯　綠的聯想

寶峰湖

划進九月的寶峰湖
恍然划進一個謎樣的童語世界
當船行在環山翠綠拱之衛之
看似春情實乃秋意的朗朗湖色裡

你就不得不凝神
翠鳥撲過翅
魚群逃過亡
而欣欣然於波紋之外
筆筆超脫畫作的花樹倒影

縱然疊景重重
也還嫌小

嫌不夠壯闊的那種單薄
這就難敵「淡妝濃抹總相宜」的西湖
更不用說大明湖的「四面荷花三面柳」

好在寶峰湖所獨領風騷的輕歌倩影
是他湖萬萬不及
如此裊裊清音如此佳人之船首俏立
對疲困遊者何異於陣前戰鼓之鼕鼕

因此　歌之於斯
非但繞樑
非但沿山腰作九轉迴腸之激盪
且在捻歌成繩
把過往遊船　以及
難掩喜悅之吾等
一一　綷過

那些正飄然於湖的
是掌聲歌聲的一味糾纏
那些不識地親切
也在相互吸引　企及　隔水逾越
才使　船輕搖
　　心情起起落落

總之　這一切一切遊湖說
無一不是篇篇浸酒的詩
那就讓吾等把這滿溢風月之杯舉起
同聲　不醉不歸

後記：一九九九年九月九日，筆者夫婦與好友大荒、向明伉儷、辛鬱伉儷、張默伉儷、商禽等一夥十人，浩浩蕩蕩，自九寨溝一路玩到張家界之寶峰湖。其間名山勝水，無不稱奇，無不原始古野，也無不妙趣横生，實實令人炫目。因此，吾等不但玩得「不亦樂乎」，簡直就「樂不思蜀」了。

一九九九、十二

吉隆坡觀水舞

此地黃昏
常常被一分為二
前半多為在地人的悠閒等待
爾後才是遊客們的驚叫歡呼
何況　那種越夜越美麗的感覺
也很迷人

當夜幕低垂到無燈不侵
遊客的目光
可就被那漫天蓋地的聚光牢牢吸住
尤當那一排排一簇簇人性化了的水柱
恰似訓練有素的千軍萬馬
而接著力

自那方小小廣場往上衝
之後
便是凌空迴旋
便是鷂子翻身
便是炸彈開花　便是
　粉身碎骨

之之後
便又再拔地而起
那種渾圓成形
是矢鏃森森的水箭嗎
時已淨空
何以射

其實
晃晃然的這般舞動的水

引人處
該是末端那條長長走痕
款款地起姿落姿
緩緩地左擺右擺　以及
騰跳　側彎　雨落　寂

當然　對水來說
怎能匯聚出如此驚人的生命亮度
怕是扮演舞者的自己不知道
而
遊客們知道

一九九九、十

水的白銀

——記遊九寨溝之一

相較於湖
水　似乎仍嫌少
因它不但要注滿大小「海子」
還得抽調些許
白白送給饞相十足舌長不計的
瀑布

瀑布在此
可不真成了揮霍無度的富家子
如此之一輪再輪
誰知要多少水的白銀供需

註：海子即高山湖泊

一九九九、十一

綠的聯想

——記遊九寨溝之二

一進溝口
綠浪就把肉身淹沒
心地卻隨著清風湧動
鋪展出一畦畦青蔥碧綠

這就不得不感謝
時間那老頭的步履蹣跚
又老愛在山水間迷路
才使秋風逼近而無力圍攻
也才使季節演出錯亂
而讓葉子有機醞釀常駐於樹

然而　我們有歸期
我們對綠之心想眼饞
縱有萬般不捨
也無能打包帶走

果若
尚想自這一缺憾中稍獲滿足
想必只有按下記憶快門
讓綠　在流逝中停格

在吉隆坡乘纜車

依附在斜斜地一線之纜上
然後就悠悠忽忽地被帶上了天

此刻天淨如鏡
因而感覺它不再那麼深那麼藍
　那麼高不可攀

而地貌卻在視之及處變變變
　變小的樹木急急逃走
　流淌的小河被急劇凍成布般的白

如今纜車也似乎變小
如繭之孤懸　在風中

在那斜斜地一線之纜上
　　緊緊地　掛著

為粘纏這份越來越脆弱的生計
比殘蔓上的蝸牛更蝸牛
就是不能比蜘蛛
有那許多橫橫豎豎絲絲纜纜可懸可吊

所以在十五分鐘六千呎的爬昇裡
有森森的冷
揪緊的心
血脈賁張後的胃絞

直到閃過幾座山撞碎幾片雲
扯著髮的風鬆了手
才恍然於纜車已走進「雲頂」

問題是
當高原上的奇觀異景排山倒海湧至
腳便被誘成一艘艘搶灘的船
哪還管心
是否仍在那一線之纜的斜斜裡
飄

二〇〇〇、四

重登瑯玡台有感

一個陰沈的秋末
走在山後羊腸小徑上
突聞誰在冥冥中喊
小心　勿將始皇帝的腳印踩亂

在山頂那片慘白的方陣裡
十一具雕像
盡俱人模人樣的展佈著
兩千多年前的那副嘴臉

難道
第五次巡行於此的這場風雲際會
已爭論出點眉目

不然徐徐開展的那卷徐福上奏
怎會如此輕鬆的就遞上了
沒有上諭
哪來的龐大經費支助
讓他假借「藥」名而逍逍遙遙跨海東遊
且一去又是不復返了的

嬴政啊　嬴政
就為強調自己未弱未衰
而巍巍然不可一世
什麼儒沒坑過
什麼方士沒養過
臨了
還不是陷自己於生於死的層層看不透裡

如今風嘶的是什麼
　海嘯的又是什麼

在這方圓不過爾爾的小土台上
指手劃腳
是逾格之壞未道盡
還是有意喧嚷你那以血營造的那些勳業

不過　修築長城是一回事
「書同文」「車同軌」又是一回事
對土地所有及水利開鑿這一事實上
可從未埋沒你
史記上不是這樣說
「渠成關中為沃野無凶年」嗎
只是千不該萬不該
你用所有智慧花紋過的咸陽
未享用
就被指鹿為馬的混蛋趙高
弄出的一把燹火焚盡
如此小人都納為知心你說你昏不昏

猶有甚者
是在焚書的熊熊火燄中
未「嗆」出你半點悔意
而還更加荒誕的把百姓賜稱「黔首」
這一黑
豈不又剝炎黃子孫一層認同上的皮

臨到你
這副遺臭萬年的死皮就難剝了
博浪沙那要命的一擊
竟失手
這又使你多演了一齣「大索十日」的名劇
難道當真應了那句「禍害一千年」
不然何以「圖窮匕現」的那一劍又落空
且智勇之於荊軻者
也會抵不過夏無且手中的藥袋
既不死

是否該思考出一種新活法
而不是仗著撿回的一條小命
意得欲從的磨刀霍霍

至終　禪是在泰山封了
未幾
大秦江山也就被趙高玩崩了

雲起西北西
似有雨
隨想沿原路即刻下山
不料一起腳
冥冥中又響起先前的那個聲音
儘管走　儘管踏　剛才是嚇唬你
其實始皇帝的足跡
早已拓印封在歷史檔案中

附記：瑯琊台位于山東膠南瑯琊鎮境內，海拔一八三・四米，公元前四七三年爲越王勾踐始建，公元前二一〇年秦始皇第五次巡行至此。現台上建有十一座大理石純白雕像（爲始皇、胡亥、李斯、徐福等）並有刻石十三行八十六字，爲胡亥詔書、李斯篆。離台不遠處，築有徐福殿，唯因未妥善開發，週邊顯得十分荒涼。

二〇〇〇、十

攀登華山

頭總是超前身軀　十五度吧
胸口總是呼嗒著一架破舊老風箱
腳也越來越不本份
　總愛在意念之外找著落
只有手有時閑閑
似乎也得不時揮巾
以掃這場說來就來該停而又不停地人造雨
其次是石階的利齒
簡直要把我一截一截吃掉
除偷向毅力借的膽
連亢奮的心思都要先投進雲海的洶湧裡涮
之後再交給風濾清　製成耳語
幫唐玄宗尋妹

當然　最賊的仍是肆無忌憚的驕陽
它用火烤你流汗
再曬汗成鹽
　成一許久不墜的臉之楓葉
如非有夢
光靠那點提不起的陽剛
恐怕走過北峰頂　擠過擦耳崖
就已氣喘咻咻
何況更高的蒼龍嶺　以及
「鷂子翻身」的金鎖關　以及
仍想一窺東峰頂上眾人皆知的那盤棋
雖勝負已定
卻不能再為陳摶多喝一次彩而仍悻悻然

其實
只要我來過　攀爬過　仰望過
就夠了　就如願以償地　夠了

管它還有多少階多少險
攻不攻到絕頂　又何妨

如果腿當真軟到
再無力負荷這身綴滿塵世的臭皮囊
那就先把這滿山的靈秀風姿折疊封緘
然後轉身

反正不做韓愈第二
　是早就在心的裡層設定過了的

二〇〇〇、九

在玉門關外舊城遺址上

放眼大漠
不再孤煙不再寂
一條戈壁大道真真切切的連結起
遺忘於此的龍騰虎躍傳說

雖風沙仍滾滾
彷彿也仍有許多不明旌旗殘餘
在歲月走痕中聲嘶力竭的喊

這才使那一堆堆
狂熱中靜待獻身的積薪
不知燃點時機已過而烽燧也已遠
仍商量著風

繼續守它的分
繼續抖它千百年來的擻

至終才在征戰夢魘裡覺醒
如此生成者必蒼涼成一種記憶
一種赴難表徵

都說時間會癒痊一切創傷
那麼李家那箭箭是非
司馬遷的受腐之痛
何以仍在時間之外徘徊呻吟

二〇〇〇、十

詠達觀山神木

眼前二百階
身後七十米
而你一動未動
盤根錯節在那三十手圍的方寸之地
昂昂然的　如此一站
竟是兩千八百年
風雨中的歲月
挺五胡亂華的　當然
險是險了些
不過那些開了又謝的血花
卻有另類看頭
多少興亡史
多少世間情

無不自你冷冷眼梢一一閃過
像燃了五千年的那把熒火
　燒完了春秋
燒戰國……可不就如此一朝朝
一代代
　接著力的燒燒……
兩千多年未痴呆
而仍能蓬蓬勃勃的自我舒展
像西周厲王以降的
那些刀光劍影　那些血流漂杵
即是難以自展不開的史卷裡窺破
卻可自你一年一輪裡歷歷見證
相信
守著今朝的榮景
必將活出另一番翠綠

一九九七、五

鳴沙山初探

穿過月牙泉那汪藍
氤氳中的鳴沙山
怎麼看都像被橫切而成的一張扁平大臉
深深皺紋　一圈圈如樹之年輪在生命中連綿著
老到這般光景
還如此潔淨　原色　顯黃顯黃的一種美

拋開「沙嶺晴鳴」臆測
拋開每年五月初五的滑沙解厄傳說
只要證明沙成山而絕非再是令人心寒的那——「一盤」
就是絕好誘因
當然也就不愁沒有更多逼近的足跡

是不
雲不就在瞞著藍天幹起偷窺勾當了
它矍眽著細膩山肌
都美到極致的盡頭了
怎會擔心沒有鮮事被造就

不久　風流成性的風果然上場了
它以素手之輕巧
剝開　鳴沙山被眼之步履踩硬了的酥軟
使其袒露在陽光下　沙成五色
使其在流金水紋般的無水之漩裡浮浮閃閃

難道就為這一色之純
就得讓樹走開
　　　　草走開
　　　　沾親帶故的石子　走開

而好奇的遊客是不管這些的
到此　就是有幸
有幸能在名揚四海的鳴沙山一滑　豈能不涉
於是我們登天梯　一步一步
顫之危之地爬上了百多米高的層層木階
喘息甫定
就又一個蒼鳥振翅般全速下滑
真的　那種暈陶感覺
比玩飛行失速還過癮

得意的掌風尚未把灼熱心情搧涼
說翻臉就翻臉的沙塵暴卻又匆匆來趕人

二〇〇一、六

卵浮

——在墾丁海底漫步

測過水深　清晰度
我們便隨教練棄船

一身密不透風勁裝
酷似太空人
不同的是我們只能笨笨拙拙的
曳著一條長長的生命之線在海底學步

隨著光澤暈染
變化在眼前的　無不是
一群群艷麗著那種艷麗而圍過來
向你示好的魚　以及

無風無浪無掌聲
亦能自舞自醉成另類風情的藻

尤當一匹小小海馬
在藻的大圓床上想騎另一匹小小海馬時
羞紅臉的珊瑚
趕緊把頭別開

可不就在那麼一種猝然間
你一下子被飛著旋著
茫茫成一片網狀的萬千顆粒
流星雨般的圍攻　撒潑
這種如意的不想躲開
是鹽水的蜂炮嗎
還是自淡水河上空偷偷跑出來的煙火
總之　在海底世界的豐滿四月

以珊瑚產卵最為耀眼奪目
那種急掠輕盪
可不是無緣人所能窺到的

而我們就有這等巧
一個不期而遇的罕見海景
竟在我們面前驚暴

二〇〇二、四

第三輯　夢

永遠的痛

——母親的畫像之一

自廿三歲喪夫那刻起
花樣人生
便隨著那具黑棺
沈沈埋葬

之後
歲月中不再有繽紛
　不再穿紅戴綠
封閉的心境
復被霾般鬱情層層覆蓋
雖說冬已盡

春卻不降臨的那種夢斷
使　原本殘缺的人生
更似極了被朔風
　欺凌的落葉

如果說
生命是一片不雨的雲
除卻無味閒散
也只能徒增飄泊後的淒楚罷了
那麼　麥子死了
是否就意味著只是一次地畝的失職

最是無力排拒的雜音
像一道急奔而下的洪流
它淹沒了妳的心
　妳的臉
妳再也走不出的那條路

只是
當茫茫的空虛
襲上心頭
再什麼都變得無足輕重了
包括　生之慾
　死之寂
以及輪迴不輪迴

因　妳再怎麼側身
都走不出那些憑空而起的風淒雨斜
可不就是一隻迷失的燕
在那種無遮無擋的急驟裡
避開　難
不避開　亦難
最後
總是自我消散

像一莖失水的蓮
苦撐心火燒烤後的瘦弱
撲向墳前
放聲
　慟哭

一九九七、七

夢

——母親的畫像之二

雞啼三遍
（總是這時刻）
連討夜人
都急著趕回家　掀
那些尚留一絲餘溫的熱被窩
而您　卻孤寂的
就著一身冷
翻身而起

總披著那件霉味刺鼻的
心愛的斜襟花襖
然後走進天井然後把眼拋向星空

然後
　無端無不端的注視久久
久久無視寒氣凜冽
　無視層層霜白在髮頸間覆滅與重生
　也無視那斜斜的襖襟
　被風那痞子
　翻弄成一張開闔無度的
　　帘布
娘啊　您失神如此之深
難道就只為仰望而仰望
還是當真
要把暗空看破
　　看老
　　看荒
甚或想在天意裡
找尋那份不存在的公允

是的
雞啼三遍後
（總是這時刻）
您像做完一樣功課
而滿足的
自心中傷感地帶走出
未落腳
甚至連轉念還未來得及
胸臆間
便又浮現出
開墾另塊夢土的心思

不過　娘啊
您可知道
夢　是不能種植的

一九九七、十

別後心情

——母親的畫像之三

就是那麼個夜晚
燈火正亮在纏繞著的視線之外
風雪之外
蕭蕭的白楊
蕭蕭的心境
　　之外
站在麥場邊的小碎石路上
如同站在渺無人煙的
茫茫荒原
此刻
母子眼眸中

旋著的不是淚
而是模糊不清的未來
尤當
一從娘手接過那個包袱
似乎就註定了
各走一方的雙輸命運

天南地北又怎樣
海角天涯又怎樣
只是　娘啊！
兒後悔的是
舉步前
為何沒看透您的無己無常無望

百步之遙了吧
再回首
只見雪　白了娘的髮

　白了娘的身
以及　培育在心思間的
那一點點綠意

娘啊　世事豈能預料
果真如此
您會讓獨子輕易自身邊溜走
而一走
又是四十年

四十年的泣盼
聞說　您的眼湖已乾涸
於是
晶瑩不再
亮麗不再
乾澀　一如枯竭的心
裂成一片

一片的　痛

其實
當您把兒送至麥場邊
那片雪白的黑裡
您就該驚覺到
如此遷就
豈不把他白白抛出了
自己的生之歲月

更多的聞說中
您已腿斷眼告
而內心卻不再燃燒恨
只是
整日依在門框上
像是閒閒的
　向自己說著同樣的答語：

秋雖逝
雪還未融啊
要回來
至遲　也是年節前後的事嘍

一九九八、一

團圓夜

——母親的畫像之四

一聲娘後
我　匍進您的懷裡
八十歲的乾癟胸懷
仍有溫暖炙熱
旺度
不下身邊那盆炭火
淚水像簷滴
滴滴　穿透我的仰望
　　冷卻我狂跳過熱的心
娘啊

這是自幾許局殘
剪接成的此刻
這一此刻啊
不又已圓融成
今生今世的永永遠遠了嗎

把時間推在門外
夜　便稱職的在四週密密封緘
於是
屋內二十燭光的燈暈裡
幌著的那層白
竟是娘的髮
而捧在兒手中的娘的臉
卻可自深深淺淺歲月刻痕中
見出
艱苦是如何不曾間歇的
　在此加諸

也罷
娘的情緒不宜再追高了
那就敬娘支菸吧
娘搖搖頭說　戒了
戒在買不起菸葉
我說　不抽也好
　　菸是健康的殺手
娘似乎聽不懂
剎時搶過那支菸
狠狠的抽起來

最後
在那片煙霧繚繞裡
只有娘倆的淚光閃閃
話頭
卻一時不知該從何處理起了

一九九九、一

噩耗

就這一電之傳
便把我自高高的想望之巔摔落
滿眼淚雨中
彷彿有顆失速的流星自我面前黯然滑過
於是我不禁喊出生平最最椎心的一聲
娘　莫非這就是化身的您嗎
那麼就請您等等　若能
兒誓將沿著那條光痕把自己追成另一個您
可　誰知一起腳就是那種慢
先是一紙一戳之礙後又天高海闊之隔
走走停停
因而　心為之裂

緊趕慢趕
當行程盡頭親炙到的竟是黃土一坏
枉為人子者如我
便哭倒在那層黑裡泥裡不成其形的軟裡
直到一些手觸一些細語一些親親扶持
自四面八方頻頻加諸
也才悟出人們所謂您那一覺不醒的走法
是何等「上乘」
只是被撇下的我就要更感孤單了　因
往後的淒楚不知由誰來消誰來散
　誰的熱腸來暖兒的冷

娘啊　天又細雨了
兒的雙膝因長跪已痲木
心比零下三度的冷還冷
您就同我說說話吧
別只顧看那些焚箔成蝶後的濕翅亂舞了

說說您因畏寒就不睡棺槨而走入火
這也恍然使我憶起
您何以老計較每次捎來的絲襖厚薄

此時此刻　除一個頭一個頭磕下去
最縈繞心頭而有所不甘地　是
在您九十三個春秋歲月的慘澹生涯裡
　該看到的全看到了
　該有的卻沒有的那種窘迫　那種痛

娘啊　雨越下越大　天也越來越黑
您就安安靜靜地睡吧
紅塵已去
不會再有什麼驚擾您的事了

　　　　　　　　　　　　二〇〇〇、三

第四輯　葉子與茶如是說

說辭海

只要放舟
就沒有網不到的喜悅
在這深邃的無水之海
儘管無水
半滴智慧餘瀝
足可漂清冥頑於心底的
陳年混沌
但　如未在
千心萬手拱起膜拜的
文采浩瀚裡
洶湧起思潮
再海量
也並非無舟不繫

至於
櫓搖何處
就讓舟子
在這無波無浪的文字海裡
遂其心　而
暢其欲吧

一九九八、九

辣 椒

入口
便是一陣火攻
像這種猛烈
咱是既不能防且又無法禦
只有呼啦啦的往下敗

還好
咽喉這關
總算挫了下它往下直闖的氣燄

問題是
跳過「空窗」
絲毫不剩的

全反應在出恭時的感覺上

一九九九、四

聰明的魚

把一雙雙眼眸
聚焦成刃
切開透明如晶的海之湛藍
而一根根釣絲
卻被波紋戲弄成
一條條無田畝可翻的蚰蟺

惟獨
在風也無力浪也無力的
　　景淡中
急的是心情
閒的是　餌

至於
魚　為何不再搶食
這就該問問藏在餌內的鈎

一九九九、五

雛菊

當槭葉失去酡顏
又被咄咄歲月揉縐成一片玄褐
就不得不跟著風
走出季節

之後
秋　便老成一片索然

唯不識「老」之為何物的
是那朵嫩著那種嫩
　稚著那種稚　而
　　涉世未深的
小雛菊

當陽光
正一點點被冷洌稀釋成一片茫白
它仍怯生生的東張西望
顫危危地
　在風裡擺　靜裡擺

這才是令人驚嘆的一種生之傲岸吧

我彎腰
如獲至寶般　捧之
　以輕輕　以忘形　以諸多掩不住
而它那花開情未竇的小樣像
非但讓你著迷
似乎連冷冷的風都只許憐只許惜
不忍多加一點點不懷好意

若說

造成其孤芳不願自賞的
是蒼茫的雲
熟透的山
綠葉亦未能永續成蔭後的
　那種類似自殘的衰敗凋零

毋寧說
它想以一生僅僅開足一次之黃
大膽地
染山

二〇〇一、一

浪說

我們選擇鼓勇
是讓短暫生命有高潮
走出平淡
就不塗脂抹粉
不趕時髦和風尚

我們只管手牽手
　心連心
　路跟著路
我們追逐著我們

而向前奔赴的意念
不因終歸撞碎

稍遲疑

二〇〇一、二

葉子與茶如是說

當你們悠閒地一口口啜飲著
我們生命中僅有的那絲絲金黃時
委實不願
再掃你們那點理所當然的興

終因諸多因素不符你們所思所想
我們就得春裡來秋裡去
一年兩次被摘殺
說成那是無從選擇的命定

其實　如非四千七百多年前
那陣風　滾在神農氏跟前的
那鍋水　以及那幾片葉子的無心投入

不會不能像其他葉子
　在天地間自由自在的活其所活
　　綠其所綠
而得捨身
而得一片一片被刑之以凌遲
　　以炮烙
　　以千揉萬搓

之後仍得在盅盅不容質變的純粹前
痛苦的迴旋　迴旋
直至氣血流盡
　下墜
在深不見底的壺暴中死透

我們不是失察
而是你們慣常以好說詞誘我們失身
恰恰我們又是那種遇水就款擺

就色染
就釋之以純純清香
而也才造就了你們這許許多多
見色必親有香必聞　嗜血者

二〇〇〇、十二

傘的告白

我們不只斷雨
　　蔽日
闔之更可如杖般的一柱擎天
撐　踉踉弱者
一張
就是圓滿　就是
斜斜地顏面半遮　就是
輕堵一些偶發的無聊與流散的難堪

甚且
平素我們不願面對而又不得不如此的
一不役使
就毫無尊嚴的冷在見不得人的鬼地方

再就是
也無風雨也無晴的鬼天氣

或許
這就是我們宿命的痛

二〇〇二、三

第五輯　破繭

破繭

——給趙庭松

聽說
你終日泅游在生活的浪裡
對岸上風光
虹　以及曙色
仍日日夜夜
盼望著

只因握在手中的日子
灰黑成
一條擰不乾的破毛巾
無時不在
　瀝瀝邋邋的

黏纏著

及至弄清
理想是當不得餅的
就知
反芻在你心裡的是什麼
怕是　除卻風雨
還是風雨吧

如今
慶幸你已破繭
除了迎接陽光　還
重新攤開折疊的歲月
又成為一條漢子那樣
把幾十年的愁腸
像垃圾　一批批
丟出生活圈外

只是曲折過的心底
恐怕尚難適應
那種船過水無痕的平靜

一九九七、八

走出

對於那些不甚文明
而充滿焦燥
　聳動
以及無中生有的
所謂八卦新聞
自瞳眸　心境
徹徹底底湮滅

猶有甚者　是
那些燒在螢光幕上的鹹濕
那些看一眼就打噁的
醜惡　以及熊熊慾火

乾脆這樣說了吧
就是自厭得你喘不上氣來
帶有濃重腐味的政爭陰影裡
悄然走出
同時　也就走出了那把
　　撐不開　合不攏
　　而又滿足不了誰的
　　失慾的破傘

然後　帶著一身輕鬆
去偎全裸的大自然
而且
讓驕陽炙身
讓霏霏小雨淋透　或
讓泥土的芳香醉死

再不

轉個身
去打一次小小禪七
熏沐一趟靜寂的禪林

一九九七、十一

醉

——聆賞「跨世紀之音」有感

不搖滾
不雷射
只有迷人風采與曲藝
亦能使數萬熱血賁張的聆賞者
成狂成痴

曲高而不和寡
以亮麗歌聲燦開心底鬱悒
璀璨如水晶般
中正紀念堂的透明的夜啊！
當妳自古典一浪漫到流行
沸騰的人心

便擠著想被漩進那無邊無岸　且
　浪花翻飛的「月河」裡
守著電視　守著你
多明哥　卡瑞拉斯
不善飲者　如我
怎會就那樣豪興不羈的
傾以一壺
　音樂二鍋頭

再加上
如此之絕美
如此之圓融　以及
「此曲只應天上有」的
那種如此之不同的歡歌饗宴
黛安娜·羅絲
我想不醉也難

一九九七、九

鷹

展不展翅
無關需不需的認定

常常
隱在時間之外　環視
更無從得知
在那每一眼的溜轉裡
究竟　沸騰著
多少驚顫
多少寂

蒼茫歸蒼茫
在獨掠一翅的雄霸中

似乎
天空 不再是天空
風雨 也不再是風雨

一九九八、六

窗

星羅棋布
稿紙般格局
加上　至極的宿命

才
越來越委屈自己
越來越不知為何要在此
終其一生
　一生的苦苦斜立

如果
誰還想憑此
一窺秋野　或

春綠

慢說　水泥森林舉手反對
光是費盡心思的那種遮掩
就不知
尚有幾格
容你單眼穿越

一九九八、三

雲

遮蔽了太陽
就認為天空是自己的
如未及時閃過
那
　偷襲成性的風
後果
仍然是崩潰
仍然是
　散

一九九八、四

雨

臉都由灰濛濛
憋成鍋底了
綳緊的情緒
還在壓抑
難道
心思中覺不出
淚
是不耐久藏的

一九九八、四

牆

明知
除了視線
再什麼也擋不住
甚至　宵小的鑿子
　　怪手的一擊

明知
世界還一覽無遺的在那裡透明著
而你卻在空乏的心境
苦苦營造一道道無形的牆
擋自己

一九九八、四

心境

如同街燈光刃
把盤固在心中的那個夜
層層剝開

如同冷落的欲念
被五光十色引誘著
裂錦般　一直
隨著胸臆間的花開花謝
叫喊

如同酒肆間倒栽半空
等待唇香的　那
朵朵茫白茫白的

缺土少水的百合
如同
我

一九九八、七

飄盪在鐘聲裡的

——讀談眞詩作「寒山鐘聲」有感

鐘聲
毋寧是一種召喚
對遊子
更是一支
狂飲不醉的鞭　這
可不正在一抽一血痕嗎

不是不想全面撤網
只願在眼前打撈
因一個分神
所有美感就會自心中消失
這豈能讓那個才活過來的千年故事

白白的
　再在眼前逝去

於是
推開星月
只把夜攬在懷裡
可知有時
一夜抵得上千載
一次偶拾猶勝終生營造
所以　在此不眠
所以　在此頓悟

執意要守在
「楓橋夜泊」裡
寒山鐘聲
又是如此聲聲撞在心底
那為何久不動身

去尋寒山子的足跡
拾得那把破掃帚

愁就愁在　一闔眼
心思深處
便盡是些「彷彿來自故鄉的呼喚」
豈知
夢裡的鄉關
有時是不能強叩的
一叩　就醒

一九九七、十

築巢燕

剪開細雨紛飛
如同剪開
沒有設計線的圖樣

巢址一旦設定在南屋橫樑
這就
一翅一翅接力
一口一口啣泥
旋即
吐泥成牆
　成屋
成時髦的鱗次二丁掛

剪開剪不開的情緒
最終　仍是後悔雙飛太早
不然不會巢成日
來不及蜜月
便一頭栽進產期

雖說
巢內正孵卵切切
疊翅在巢外咫尺的他
卻得意的在
梳毛
翹尾
唱情歌

一九九八、七

網

驚覺生之行程
急速自巔峰下滑時
便想　織
「永日」成網

網春　網秋　網日月

唯
滴答的鐘聲
轉眼
便自第二象限溜走

一九九八、二

髮

染
或不染
兩造　皆有說詞

若　原白
無異將那片招搖在頭頂上的芒
改在心底凋零

若　染黑
是不是就能掩蓋蒼白人生
歲月走痕

若　否

豈不白白讓它折磨
這層層無能轉折的心思
看來
不如　剃了的好

一九九八、十

無題

帶走
凡身之外　夢之外
意念之外的

唯
被離亂封緘在生活夾層中的
那半篇殘情
得給我留下

以及
夕照裡
含淚揮手的那幕
也是

一九九八、十

恰好

——感於向明的「新詩百問」

問答得宜是種恰好
恰好　可使詩
沒有贅語過多的痴肥
沒有因意象不豐而瘦弱
以及　一眼看透的那種說白

如遊目「新詩百問」
眼見詩心裸裎
便想擁抱的那種情切
甚或　不必　慫恿
就捲起袖子搶讀

這些　是否也在預設的恰好之列
這可得問問向明

再不　也得自他的詩論中深掘
以期　見證
詩的呈現不再只憑衝動
剪裁恰好
才是詩國成春的唯一

這就　解
論析成柱　撐
詩質之無端傾斜
這就　明明暗示
習詩至意與闌珊
許是　恰好眼中有霧
總是不得不讓人確信

只要有心
只要跟著「新詩百問」走
就不會誤闖詩的死巷

正待掩卷
恰好有大聲問
「百問」之後的詩海
是否有浪出眾

一九九八、十二

咖啡杯裡的往昔

在暈不完全的燈色裡
復　誘我以墨西哥落日
而我卻仍點這杯苦我心思的
　　純純的黑

此刻　咖啡本身已是次要
只想在這汪濃濃的黑裡涉足
只想走回從前

所以才不經意的攪動
所以才在啜與不啜間拼湊
　被硝煙熏灼過的整個暗夜
腳底被恐懼噬得血肉糢糊

絕望在蕭蕭的秋風中哭泣
疾走更棄盡了難忘的初擁
之後總想過盡暗夜應是皓皓明天
可　明天裡仍沒有金黃
還因誤摘槍花而流血而夢斷
心一顫
手中調匙突感沉重
以至靜止
以至攀爬在意念之上而又沿杯而下
撈也撈不完全的碎影
即消失於那層再也漾不開的波紋中
許是失之過於速
失之於不該失
致使積存已久的那場心中霧
眼中雨
互為緣由的翻騰起來

是了　這就隨著燈色轉黯
一口飲盡杯中餘瀝
也就連帶飲盡了剛剛活過來的往昔

一九九九、七

霧

顯然　非雲的嫡系
怕也未必是露的近支
你　只是一片無關緊要的
　短命棄兒

在三千大千世界
除懼天敵
亦無近親可依
於是　只好
在沒有回程的路上
冥冥游走
冥冥想

終因
不甘被疏離成一片孤寂
遂在千煙萬絮中
將親近者層層裹住
以全身的寸寸細膩

一九九九、四

老壁鐘

在懸著的三百六十度裡轉
且又是經年累月
且又是如此之命定

縱不暈
卻走的孤苦
　　煩

反正　終須忍
內心的動盪　也終須
由顫抖的三針承受與消散

因之趑再多無奈

也終須將疲憊的腳步
重重提起
只想　早早走完
這趟深而黑且又圓而不滿的
　生之被動

一九九九、三

春　遲

聚會　在三月
有關季節

說　這年殘冬
為何未再循自然交替

甚且淫雨
也還在那裡不可一世的
日夜濺潑

而東風再也忍不住
遂悄悄自掀開的春裾中
躥出

並一路浩歎那些連驚蟄都驚不醒的
　　季節走勢之痲木
越來越像人心

二〇〇〇、四

待

當
一襲襲彩衣　已
輕薄如蟬翼
且翻飛成花成浪
　　成以律動的圓的絢爛

而
那握剩冬之殘餘
卻仍以叛逆之寒裹緊
時間成熟後之欲裂

春
因之款趄

二〇〇〇、四

守

——側寫救溺身殉的林添楨

也不純然是為了想得到什麼
反正　就是那麼因緣際會的噗通一聲
便一命陪一命的直墜海底

剎那
連天連海連徘徊的風
都跟著無措起來　黯然起來　動容起來

而因感動被激勵的人心　也
正自冷漠中快速釋放
恍恍然　如朵朵盛開的血花
在人們生命的頂端掩映　馥郁

之所以
仍有這許多的無法釋然讓人難以承受
肇因一件平常救溺事件
竟逼成無能轉圜的大憾後
天就再也繫不住你的重
海也就再也推不開你的堅持
而 感動的冥府
也才一浪一浪
把你們尊尊貴貴恭恭敬敬的送出

其實你已用凝血成石把人性純度磨亮
以骨燐之火遍燃千秋後世皓皓人生
那為何還要
還要以真像假身悠悠的守

守那些不時的驚天呼地
守那被雲切成塊狀而零售的無奈天空

以及野柳千尺縱橫的海蝕平台
並繼之以堅毅以果敢　以
無所不及的那雙長臂
不輕不沉的牢牢舉起
舉起那些隱隱下沉的墮性　或
冷自血脈中那些些尚待醒活的恤憫

二〇〇〇、六

擠在火車另類感覺裡

擠不擠真的有關係
因電車空間轉瞬就沒了
倒是一溜歪斜成掛爐烤鴨似的軀體
遇上急彎或傾斜
就更像極
被逼折腰在颱風懷裡的行道樹

聚不攏散不開
流轉體叢間的儘是輕聲與得意
既然連站內哨響都堵不住擠的狂潮
何不讓眼的歡呼
眺醒那些素以漠視為主流的沉默大眾
一齊膨脹在久未顯露的感人事件中

就因一朵盛開羞花
忽地　把自己連根拔起
就因欣然接受如此狹小空間的　是被
眾目聚過焦　且又是
髮白如雪的那昂昂長者

一九九七、一

溜冰

先在心中設圓
然後　拋風於身後
唰唰的輪鞋
幻化成　老師口鞭下
啃噬著無草之原的
羊群
旋轉　旋轉　旋轉
追逐中
有夢
有老師的叮嚀
有一字行的雁陣滑過
有蜈蚣般的蜿蜿蜒蜒
於是

一池之真
之純
之無上好風光
次第形成
旋轉　旋轉　旋轉
陶醉在速度裡的
如柳絲般的小蠻腰
向六十度裡一傾斜
平衡的小手
還未防及
就「失足」
就折翅
就自轉成一只只
東倒西歪的
陀螺
旋轉　旋轉　旋轉
直到

午後三點的下課鈴聲
響成一片江河之澎湃
輪鞋 才在老師的口鞭下
嘎然靜止
泛濫的汗流
才未再成災
而卻
沿著稚氣的小臉
凝固成林 成樹 成花

一九九七、一

明天

——寫給癌症患者周大觀小弟弟

報紙　以最耀眼的版面
詳載你十歲的成熟
慾望　以及
與病魔搏鬥的戰爭

雖說沒有槍炮聲
而肉搏　衝鋒
無所不在的糾纏著
於是
在霍霍地生死拉鋸中
你已傷痕纍纍
且　一攤攤

擦也擦不乾的
血　汩汩流出

或許
時間是個定數
但被春攪亂後
就變成一架無形的鞦韆
在關心你的人心中　苦苦的盪著
至於　輸贏的那一趟（盪）
是海闊天空
是墜地
全靠你握在手中
　那兩條左右命運的繩索啦
孩子　握緊它
你可意識到
在這場不宣而戰的偷襲噬食中

逼你而降的病魔　為何仍未得逞
不是它仁慈　而是
因你有捧著割裂之心的父母為你餵食餵藥
　有許多許多認識與不認識的人
　在用淚洗滌你的傷口　及
以菩薩心
為你合十

是了
終因你還未長大
大千世界尚未君臨
而　母親懷中的夢也還連連綿綿著
父親的顫手　已為你調理好了琴
只想　在淚眼濛濛中
再看一眼你那一弓在手的豪氣

雖僅僅十年

你在人生路上已是強者
無懼任何形體之被摧殘
喘息間
仍執意寫詩
　詩中無怨無恨
卻　字字椎心

最後
你咬咬牙
把希望「押」給明天
孩子　這一寶押對了
因為不管時間如何走
明天定然是你的　而
明天的明天也定然是
你的

附記：八十六年一月廿七日自由時報社會新聞版報導了年僅十歲而罹患癌症的周大觀小弟弟，那種咬緊牙關，與病魔搏鬥的故事，讀來令人心酸。待心緒平靜，遂草成此詩。

一九九七、一

詩・一夜未成

你的影子
老在筆尖閃躲
像走失的夢

雖偶在毅力強導下
展現那麼一點點不具風貌的風貌
因距理念尚遠
而舞出的身影大半走了樣

這就擲筆
這就猛啜燈暈下那半杯苦茶的冷冷

也曾心動過

與其老被模糊在心頭的那片浮影牽動
何如再沈一次潛
或靜等另一個潮期

否則　再如何用心
也不能把繆斯的拒訪
全然看成是生活的不夠吸引

之所以詩思薄弱
許是心靈活動不夠繽紛
加上　生活未嚼細
　　食而未反芻

才像一匹未遮眼的驢子
縱然上了套　未必沿軸轉
如此怠忽
怎不被詩摑

如仍想在無波的心湖
氾詩的漣漪
或將凋敝的詩園
茂密出花紅柳綠
令你醉
令你狂
令你心動成一種癮

那就進來吧
只要有筆追隨
管它夜多深
管它夢多遠

二〇〇一、四

商禽送我一個大瓷盤

你這一盤擊
直朝我醉心古玩之命門要害而來

好　這就伸長雙臂
接它個喜出望外

然則
這只玉潤冷凝得這般耀目
　仿古又仿得直逼大明而更大明
　繪蓮朵朵引風招展在無水無泥
　盤底之「一把蓮紋」大瓷盤啊
莫非早已幻化　成靈成怪
怎一現身

就在壁櫃卡位戰中奪了魁
接著可不就穩穩當當登上了
托架斜斜之大寶正位

這就不得不順著新意
先剪前寵旁枝
再裁　眼風於亂流中之不統一
對如此得意正擬再加溫加火
讓寂冷的客廳
煖出那種舒心的不粘不膩
卻突被閃進的一個夢幻般意象架空

那就是何以在一燈螢閃中
影影綽綽
一個暈染得十分神似的太陽在原地滾動
這　難道是遭后羿毒手
而流落民間的那只……

果若
老友啊　老友
這要費您多少時光喜獲
轉手　就又輕易賜我
似　此等盛情
怎一個「謝」字了得

二〇〇一、三

慟之外

——九二一大地震後之省思

往生者
定然早已叩開天國大門
依「福田」深淺而坐
倖存者卻仍在瓦礫堆中嚎啕

慟之外
首先該跳脫那種苦海無邊的悲念
儘管生命中被擠壓過的重重創傷
尚需時日撫平

然　此次大震後
我們是否該有一些覺醒

一些眼望向遠方
一些手彼此握緊
一些早已傾斜的意念讓它一次倒光
那麼展現眼前的不該再是淚的匯集
而是大愛之凝聚

同樣的
也不必把某些無謂罪名攬向身
像這種大自然變動帶給人類的災害
誰能躲過
臺灣不能
日本不能
土耳其不能
放眼世界　誰能
那就請您擦乾淚　朋友
面前的路再坎坷

我們定會一起陪您走

一九九九、十二

災後心情

——納莉颱風侵臺七十二小時後有感

站在四樓頂
目睹滿街被浸毀的家私以及
老街溪潰決後由一變三的滾滾洪流
所造成之樓塌路斷
怎一個「慘」字說清

此刻能再見東昇的旭日
真好　那一片耀眼光燦
絕不像絕不手軟的洪流
囂張到　不許你有半點逃避的空間

年年風颱中

唯納莉小心眼到不以本行橫掃
而訴諸水劌
老天　那種急沖慢漩
誰不隨著比利刃更利刃的水削片片心裂

三天肆虐
最後終于使著心不甘情不願的小性
一搖三擺的脫離
而人們原本惡劣的心情
在陽光普照下又開始寬厚

甚至把大家的家園變成水鄉澤國
竟也不怨天尤人
且也能承受
不因人謂天災多起於人禍而怨誰
只沉沉的嘆口氣
把一切不悅悄悄溶於平時養成的逆來順受中

似此等淒楚性之完美
也仍有絲絲心灰和不甘
那就是　我們平時吃素拜廟燒香唸佛
求的不就是怕有這天
那為何我們得不到諸神庇護啊　老天

不錯　人心是有些向貪婪傾斜
要說因此而就罪有應得　就該有此一劫
如此惡意強加我們不接受

好在　祢又賜給了我們陽光
我們也不計前嫌的挽起袖子　並
自沉沉鬱鬱中走出來

二〇〇二、一

給一位再起的跑者

你披著星光
追著一度喪失的意願

以勁揚的腳步
踢開
被歲月封閉的跑道

穿越啊　穿越
穿越那些形而下的慾　以及
森白帶灰的那些形而上的冷

那就集所有精氣神於腿
讓脈衝提前點火

引爆動能而加速於瞬間
逼　跑道縮短

當那一圈之末　將窮
你定然是以胸的上傾之勢
觸　這條屢屢使你敗北
　也屢屢使你希望無窮地冷冷終線

二〇〇二、三

國家圖書館出版品預行編目資料

葉子與茶如是說 / 丁文智著. -- 初版. -- 臺北
市：文史哲, 民 91
面： 公分 - （文史哲詩叢 ; 52）
ISBN 957-549-447-4 (平裝)

851.486 91009916

文史哲詩叢 ㊿②

葉子與茶如是說

著 者：丁 文 智
出版者：文 史 哲 出 版 社
登記證字號：行政院新聞局版臺業字五三三七號
發行人：彭 正 雄
發行所：文 史 哲 出 版 社
印刷者：文 史 哲 出 版 社
臺北市羅斯福路一段七十二巷四號
郵政劃撥帳號：一六一八〇一七五
電話 886-2-23511028・傳真 886-2-23965656
實價新臺幣二二〇元
中華民國九十一(2002)年六月初版

ISBN 957-549-447-4